EINLEITUNG

„An den Wegen ins Unglück stehen goldene Worte als Wegweiser."

●

Der unbekannte Spötter mag recht haben. Deshalb möchte ich dich verschonen mit den großen, weisen Worten großer, weiser Männer und Frauen.

Statt dessen habe ich eiserne, hölzerne, papierene Worte gesammelt. Eisern - weil es bewährte Lebensregeln sind, an die Menschen, die sie mir verraten haben, unverrückbar glauben. Hölzern - weil die Formulierungen nicht immer so geschliffen sind wie die der berühmten Aphorismen.

Und papieren - weil mir viele der hier zusammengetragenen Sprüche von Zetteln vorgelesen wurden, Kalenderblättern, bekritzelten Kassenbons, Zeitschriftenausrissen, dreifach gefalteten Kaugummi-Einwickelpapierchen in Brieftaschen und von Eintrittskarten. Kurzum: Keiner ist zu jung, zu ungebildet oder zu gering, um nicht ein Schatzkästlein an Lebensregeln zu besitzen. Ich danke all denen, die mich in ihrem Schatzkästlein stöbern ließen. Allen, die mir die guten Ratschläge ihrer Großmütter anvertraut haben. Allen, die mir berichtet haben, wie sie Krisen überwunden haben. Allen, die mir ihre Erfolgsrezepte verraten haben.

Aufmerksame Leser werden gleich bemerken, daß sich meinen Worten zum Trotz auch einige Sentenzen berühmter Denker in diesem Buch finden. Das sind Aussprüche, die mir so treffend erschienen, daß ich auf sie nicht verzichten wollte - Berühmtheit hin oder her.

Aufmerksame (resp. noch aufmerksamere) Leser werden vielleicht herausfinden, daß manche Sätze, die hier als No-name-Produkte auftauchen, sehr wohl aus prominentem Mund stammen. In diesem Fall beneide ich den Finder um seine Belesenheit.

Aber selbst wenn du noch so aufmerksam liest,
eines wirst du in diesem Buch nicht finden:
das todsichere Rezept gegen Schnupfen.

REGELN FÜR EINEN GELUNGENEN TAG

Stehe regelmäßig zur gleichen Zeit auf.

•

Denke an etwas, worauf du dich freuen kannst.

•

Kleide dich um so schicker, je trüber der Tag ist.

•

Begegne der Welt mit einem Lächeln.

Iß leicht und vitaminreich - und in Ruhe.

•

Schiebe Unangenehmes nicht vor dir her.

•

Nimm dir abends eine ungestörte halbe Stunde
Zeit für dich.

Regeln für ein zufriedenes Leben

Freue dich über die kleinen Dinge

●

Genieße das Leben - jetzt.

●

Habe realisierbare Pläne für die Zukunft.

●

Laß deinen Geist nicht träge werden.

Glaube an dich selbst.

●

Hab Vertrauen zu anderen Menschen.

●

Verzweifle nicht an deinen Sorgen.

●

Und wie jeden Tag:
Begegne der Welt mit einem Lächeln.

LEBENSEINSTELLUNG/SELBSTERKENNTNIS

Andere sind glücklicher. Andere sind erfolgreicher.
Andere sehen besser aus, haben mehr Geld und klügere Kinder.
Andere haben nie Probleme und ein schnelleres Auto. Wenn du
hiervon überzeugt bist, dann bist du auf dem besten Wege, ein
unzufriedener Mensch zu werden, der seinem Leben hinterherläuft.

Sei du selbst!

Wenn du glücklicher sein willst als andere, dann halte andere nicht für glücklicher als dich selbst.

•

Es gibt keine größere Freude als die, die du dir selbst bereitest.

•

Liebe, wenn du geliebt werden willst.

•

Du kannst deine Zukunft nicht vorhersagen, aber gestalten!

•

Sei ein gutes Beispiel für deine Ratschläge an andere.

Sorge dich nicht um Vergangenes. In der Zukunft wirst du den Rest
deines Lebens zubringen.

•

Lieben, das heißt jemandem Zuwendung zu geben –
nicht, sie zu erwarten.

•

Bedenke: Du wirst es nie allen Leuten recht machen.

•

Verlasse dich nicht auf Sicherheiten,
die sich auf Besitz oder Ansehen gründen.

•

Der Heitere ist Meister seiner Seele.

Ignorieren ist nicht Toleranz.

●

Bedenke stets: Besitz belastet.

●

Reich macht das, was du entbehren kannst.

●

Hüte dich vor Selbstzufriedenheit.

●

Selbstmitleid ist eine Ohrfeige für die,
denen es wirklich schlecht geht.

Wenn du auf deine Autorität pochen mußt,
hast du sie schon verloren.

•

Achte auf die schmale Grenze zwischen
würdevoll und lächerlich.

•

Prahle nicht. Es könnte jemand hören,
der dich als Kind gekannt hat. (chinesisch)

•

Du liebst nur dann, wenn du auch die Welt
und alles Lebendige in ihr liebst.

Rechne nicht mit dem Schlimmsten, sondern mit dem Besten.

●

Aber sei dennoch auf Schwierigkeiten gefaßt.

●

Tue nie etwas aus momentanem Zorn heraus.

●

Lerne von Menschen, die eine andere Meinung haben als du.

●

Du lächelst nicht, weil du fröhlicher bist,
sondern du bist fröhlicher, weil du lächelst.

Dein Gesichtsausdruck ist wichtiger als deine Kleider.

•

Wenn du gut zu anderen bist, bist du gut zu dir selbst.

•

Hänge dein Herz nicht an Besitz,
zumal nicht an solchen, der ersetzbar ist.

•

Lächerlichkeit tötet sicherer als jede Waffe.

•

Biedere dich nicht an.

Nähre dein Selbstwertgefühl nicht mit den Niederlagen anderer.

•

Erkenne deine Grenzen.

•

Wenn du dich verbessern willst, handle so,
als sei es dir bereits gelungen.

•

Nachahmung anderer ist Mord an deinem Selbst.

•

Bedenke von Zeit zu Zeit die Unendlichkeit des Universums
und die Geringfügigkeit deiner Kümmernisse.

Erkenne eigene und anderer Menschen Fehler –
aber hüte dich vor Bewertungen und Vergleichen.

•

Du brauchst keine Idole, wenn du weißt,
wer du bist und was du kannst.

•

Mache das Beste aus dir. Du bist alles, was du hast.

•

Du wirst garantiert fallen,
wenn du immer nur an das Stolpern denkst.

Streite nicht mit Unwissenden.

•

Lerne aus deinen Fehlern.

•

Erfahrung ist der beste Lehrmeister. Aber nur für gelehrige Schüler.

•

Pflege deine Eigenschaften, nicht deine Eigenheiten. (Goethe)

•

Die gescheitesten Leute benutzen ihren Scharfsinn,
um sich selbst zu beurteilen.

●

Glück ist,
das meiste aus dem zu machen,
was man ist.
Reichtum ist,
das meiste aus dem zu machen,
was man hat.

●

Vergrößere das Glück anderer – es ist die Voraussetzung dafür,
daß du selbst glücklich sein kannst.

•

Finde stets etwas, worauf du dich freuen kannst.

•

Wenn du immer nach unten blickst, wird dir schwindlig werden.

FAMILIENLEBEN

Nach zwei Tagen intensiven Zusammenlebens auf engem Raum kam
es zu heftigen Auseinandersetzungen und Machtkämpfen zwischen
nur flüchtig miteinander Bekannten. Es kam zu Tätlichkeiten.
Die Rede ist nicht von einer verkorksten Wohngemeinschaft, einem
Feriendorf oder dem Experiment eines Verhaltensforschers, sondern
vom angeblichen Hort der Geborgenheit: der Familie.
Der gefährlichste Tag ist der Sonntag.
Und wie funktioniert dein Familienleben?

Pflege in deiner Familie kleine Rituale: regelmäßig einen gemeinsamen Spaziergang, das Sonntagsfrühstück, einen Spieleabend ..

●

Bewahre Zeichnungen deiner Kinder auf.

●

Nimm gelegentlich das Lachen oder Erzählungen deiner Kinder auf Kassette auf.

●

Jeder in deiner Familie soll bestimmte Aufgaben im Haushalt übernehmen.

Sei die Vertrauensperson deiner Kinder.

•

Fernsehen und Essen gehören nicht zusammen.

•

Hab Vertrauen in die Fähigkeiten und
die Selbständigkeit deiner Kinder.

•

Gönne dir nach dem Nachhausekommen eine Viertelstunde
Entspannung, bevor du mit der Hausarbeit und dem Kochen
anfängst.

Wenn du willst, daß die Kinder Respekt vor dir haben,
mußt du Respekt vor ihnen haben.

●

Lies deinen Kindern vor.

●

Schalte den Fernseher nur ein, wenn du vorhast,
eine bestimmte Sendung zu sehen –
und schalte ihn danach wieder aus.

●

Halte deine Kinder von gewalttätigen
und pornographischen Filmen fern.

Kinder haben ein feines Gespür
für den Unterschied zwischen
Gerechtigkeit und Gleichmacherei.
Gewähre dem jüngeren Kind
nicht die Vorrechte des älteren.

Ein Streit ist eine sachliche Auseinandersetzung,
kein Aufwärmen uralter Vorwürfe und Kränkungen.

•

Zu einem Streit gehört die Versöhnung.

•

Ermutige deine Kinder.

•

Dein Kind ist nicht dein Besitz.

•

Klopfe am Zimmer deines Kindes an, bevor du eintrittst.

LEBENSART

Du hast dir für sehr viel Geld eine Krawatte vom falschen, weil nicht mehr „angesagten", Designer gekauft. Du kannst die großen Champagnermarken nicht am Geschamck unterscheiden. Dein Mackintosh-Stuhl ist eine Imitation. Nicht verzweifeln. Zur Lebensart gehört viel mehr als Lifestyle, nämlich Sicherheit über das, was zu dir paßt, Freude am Genießen und an den schönen Dingen des Lebens.

Hab immer einen Strauß Blumen im Haus.

●

Verabschiede dich mit Würde von den Attributen der Jugend.

●

Verdirb dir nicht mit billigen Kugelschreibern deine Handschrift.

●

Schreibe Briefe auf Briefpapier.

●

Sei stets gepflegt. Du weißt nie, wer an der Tür klingelt
oder wen du auf der Straße triffst.

Höre deine alten Schallplatten, auch wenn du einen CD-Spieler besitzest..

●

Pflege dein Auto nicht mehr als deinen Garten oder deine Wohnung.

●

Nimm dir eine Minute Zeit, um Straßenmusikanten zuzuhören.

●

Freue dich über Komplimente. Es ist ganz und gar überflüssig zuzugeben, daß dein schickes Kleid ein Sonderangebot war.

Gehe in Botanische Gärten.

●

Benutze das „gute" Geschirr für dich und deine Familie.
Ein feines Essen ist Anlaß genug.

●

Laß dir – falls möglich – nicht eine Wohnung
ohne Badewanne aufschwätzen.

●

Achte auf Qualität, nicht nur auf Namen, die gerade „in" sind.

●

Laufe nicht als unbezahlter Werbeträger für Herstellernamen herum.

Lebensklugheit bedeutet:
alle Dinge möglichst wichtig,
aber keines völlig ernst zu nehmen.

Kaufe dir ein Buch, mit dem du die Pflanzen und Tiere deiner
Umgebung bestimmen kannst.

●

Führe im Urlaub ein Reisetagebuch.

●

Bringe aus deinem Urlaub ein typisches Rezept mit.

●

Stil ist Weglassen des Unwesentlichen.

●

Laß dich beraten, welche Farben dir stehen.

Bedenke beim Einkaufen dein Alter.

•

Ein gutes Kostüm oder ein guter Anzug gehören zur Garderobe.
Laß dir ein solches Stück schneidern.

•

Kaufe Kleidung, die so zeitlos und hochwertig ist, daß du sie
mindestens drei Jahre lang tragen kannst.

•

Gönne dir aber auch mal einen ausgefallenen Modefummel.

Lerne ein Musikinstrument zu spielen.

●

Spare nie an den Schuhen!

●

Benutze Stofftaschentücher und Stoffservietten.

●

Pflanze Schneeglöckchen.

●

Mache einen Tanzkurs.

Umgang mit Mitmenschen

Wie man Hummer ißt, weißt du. Was aber weißt du über den Umgang mit Freunden, Fremden und sonstigen - mehr oder weniger lieben - Mitmenschen? Sicher hast du deine Kinderstube nicht vergessen. Aber ich meine, daß für ein harmonisches Miteinander das Wissen um einen korrekt gedeckten Tisch nicht genügt. Herzlichkeit, Rücksichtnahme und Nachgiebigkeit erleichtern unser Zusammenleben. Oder kurz gefaßt: Lieber einen Handkuß als einen Rippenstoß.

Ein Freund ist ein Geschenk, das du dir selbst machst. (schottisch)

●

Denke daran, daß Geheimnisse, die du jemandem anvertraust,
für diesen eine Belastung sind.

●

Frage neue Bekanntschaften nicht aus.

●

Nötige niemandem deine Erfahrungen auf.

●

Betrachte strittige Dinge auch vom Standpunkt
deines Kontrahenten aus.

Einen Streit gewinnst du, indem du ihn vermeidest.

•

Wenn du Versprechungen machst, machst du Schulden. (jüdisch)

•

Sei zuverlässig.

•

Verschone Freunde mit allen deinen Urlaubsfotos.
Treffe eine kleine Auswahl.

Mach keine Geschenke, die auf unangenehme Eigenheiten anspielen.

●

Sei freundlich zu Postbeamten, Busfahrern und Kassiererinnen.

●

Sei freundlich am Telefon.

●

Freue dich über das Glück deiner Mitmenschen.

●

Dein ärgster Feind und dein bester Freund sagen dir
die Wahrheit über dich.

Sei ein aufmerksamer Zuhörer.

•

Schreibe anderer Leute Namen nicht falsch.

•

Hinterlasse Gästezimmer so,
daß deine Gastgeber wenig Arbeit damit haben.

•

Rede mit anderen über die Dinge, die sie interessieren.

•

Wirf nicht die Leiter, die du benutzt hast, hinter dir um.

•

Borgen macht Sorgen.

Verzichte ab und zu mal auf Süßigkeiten und gib
einem Bettler etwas zu essen.

•

Oder schenke einem traurigen Menschen ein Blumensträußchen.

•

Empfehle Ärzte und Friseure nur, wenn du hundertprozentig von
ihnen überzeugt bist.

•

Sprich in Bussen, Aufzügen oder am Tresen nie über Geld oder
Arbeit. Du weißt nie, wer zuhört.

Denke an anderer Menschen Geburtstag - schicke eine Karte.

•

Achte nicht darauf, wie vielen, sondern wem du gefällst.

•

Grüße zuerst. Warte nicht, bis der andere dich sieht.

•

Grüße Menschen, die du kennst, mit ihrem Namen.

•

„Bitte" und „Danke" sind nie aus der Mode gekommen.

•

Türen schließt man mit der Klinke - auch in Hotels.

Sieh Menschen ins Gesicht, wenn du ihnen sprichst:

•

Verleihe keine Schallplatten. Nimm sie statt dessen auf Kassette auf.

•

Gib geliehene Dinge in bestem Zustand zurück.

•

Parke nicht auf Fuß- und Radwegen.

•

Fische und Gäste werden nach drei Tagen ungenießbar.

•

Meide die Gesellschaft lauter Menschen.

Gib Menschen eine zweite Chance. Aber keine dritte, vierte, fünfte ...

•

Meide unzuverlässige Menschen, auch wenn sie amüsant sind.

•

Kleine Geschenke erhalten die Freundschaft.
Große Geschenke werden zur Verpflichtung.

•

Laß dich nicht ausnutzen. Sage klipp und klar, bis zu welcher
Grenze du jemandem helfen wirst.

•

Laß Gefälligkeiten bleiben, die du nicht gerne erweist.

Du gewinnst Freunde,
wenn du dich für andere Menschen interessierst,
nicht, wenn du dich interessant machst.

Sei nicht arrogant zu Menschen in vermeintlich „schlechteren"
Berufen. Auch sie arbeiten für dein Wohlergehen.

•

Wer kein Lächeln mehr für dich übrig hat,
braucht deines um so nötiger.

•

Falle anderen nicht ins Wort.

•

Gib rechtzeitig Bescheid, ob du eine Einladung annimmst.

•

Pflege gute Umgangsformen.

Traue dem ersten Eindruck.

●

Aber sei immer bereit ihn zu revidieren.

●

Laß dich nicht einschüchtern.

●

Wehre dich gegen Unverschämtheiten.

●

Denk daran, daß dein Gedächtnis deinen Lügen nicht gewachsen ist.

Laß dich nicht überraschen. Sieh dir an, wer auf einer dunklen, leeren Straße hinter dir hergeht.

•

Fasse dich in öffentlichen Telefonzellen kurz, auch wenn du eine Telefonkarte hast.

•

Verschicke Neujahrskarten, wenn dir Weihnachten nichts bedeutet.

•

Schätze an deinen Freunden auch deren Fehler.

Laß dich nicht in anderer Menschen Streitigkeiten hineinziehen.

•

Bedenke deinen Briefträger, deinen Müllmann und deinen Tankwart
zum Jahreswechsel mit einer kleinen Aufmerksamkeit.

•

Sei freundlich. Der Weg zur Vernunft führt über das Herz.

•

Dein Leben ist lang genug für ein kurzes Lächeln.

•

Kritisiere andere nicht. Überprüfe lieber dich selbst.

Hupe nicht außer zum Warnen. Denke an die geplagten Anwohner.

•

Lob ist für die Ohren aller bestimmt,
Tadel nur für die eines einzigen.

•

Sei pünktlich.

•

Pünktlich ankommen heißt, sich rechtzeitig auf den Weg zu machen.

Sei so höflich zu anderen,
wie du selbst von ihnen behandeln werden möchtest.

●

Sage unangemeldeten Gästen, wenn sie ungelegen kommen.
Aber nimm dir dennoch Zeit für eine Tasse Tee oder
ein Glas Wein, bevor du sie verabschiedest.

●

Laß dich beim Autofahren nicht provozieren.

●

Laß dich nicht von Autos hetzen, wenn du eine Straße überquerst.

Respektspersonen sind die, die sich deinen Respekt verdient haben.

●

Es gehört weniger Mut dazu, der allein Tadelnde, als der allein Lobende zu sein.

●

Wende den Sitzenden nicht deine Rückseite zu, wenn du durch eine Sitzreihe gehst (außer in Kirchen).

Gesundheit für Geist, Körper und Seele

Fit wie ein Turnschuh wollte ich nie sein. Zumindest nicht wie einer meiner beklagenswerten Turnschuhe, die da betagt, mit einem geknoteten Schnürsenkel und Farbspritzern vom letzten Wändestreichen im Schuhschrank stehen. Zum Fitsein gehört für mich auch mehr als Schweißtropfen und ein bunter Anzug: geistige Leistungsfähigkeit, Lebensfreude, Ausdauer, Konzentration und Disziplin. Einige Anregungen für das Leben nach dem Muskeltraining...

Bedenke, daß Sorge und Ärger deine Lebenszeit verkürzen.

●

Bekämpfe Niedergeschlagenheit mit Aktivität.

●

Du bist, was du denkst.

●

Gehen, Stehen und Liegen sind besser als ständiges Sitzen.

●

Suche die Stille - in der Natur, in einer Bibliothek oder einer Kirche.

Die schönsten Feste sind die,
von denen du rechtzeitig nach Hause gehst.

●

Überprüfe deine Gewohnheiten.

●

Laß dich nicht von der Routine besiegen. Habe Pläne.

●

Iß nicht, wenn du keinen Hunger hast - auch nicht aus Höflichkeit.

Notiere deine Träume. Sie geben Hinweise auf das,
was dich beschäftigt.

●

Schule deine Sinne und sei dir deiner Wahrnehmungen bewußt.

●

Achte auf deinen Atem. Er soll tief und gleichmäßig sein.

●

Achte auch auf eine deutliche Sprechweise.

●

Löse schwierige Kreuzworträtsel und Denksportaufgaben.

Besuche mindestens zweimal im Jahr einen
Kursus der Volkshochschule.

•

Entdecke die Wirkung ätherischer Öle.

•

Rechne im Kopf oder mit Bleistift und Papier –
aber nicht mit dem Taschenrechner.

•

Betreibe eine unkomplizierte Sportart: Laufen, Schwimmen,
Radfahren oder Gymnastik.

Bewegung an der frischen Luft ist das beste Mittel gegen
Winterdepressionen.

•

Informiere dich über andere Kulturen und Religionen.

•

Lerne Fremdsprachen, und du lernst deine eigene Sprache kennen.

•

Dein Geist ist wie ein Fischernetz.
Man fängt mit ihm, wenn es ausgelegt ist.

Laß deine Phantasie nicht verkümmern.

●

Nimm aus Interesse an Kultur teil – nicht,
weil du dich im Theater sehen lassen willst.

●

Genieße es, allein zu sein.

●

Suche dir einen Arzt, wenn du gesund bist.

●

Laß dir von deinem Arzt erklären, wie er zu seiner Diagnose kommt.

Frage deinen Arzt,
warum ein verschriebenes Medikament nicht wirkt.

●

Führe Buch über deine Gesundheit. Je älter du wirst, desto weniger
kannst du dich an alle Behandlungen, Röntgenuntersuchungen,
Impfungen, Allergien, Operationen, Medikamente, Vorbelastungen in
der Familie und länger andauernde Beschwerden erinnern.

●

Verspiele dein Alter nicht bereits in der Jugend.

●

Wer alles schluckt, verdaut schlecht.

Gehe sparsam mit Medikamenten um.

•

Dein Körper ist keine Maschine,
die du einfach reparieren lassen kannst.

•

Gönne dir Zeit für die Genesung.

•

Frage nicht den Doktor, sondern den Genesenen.

•

Hole vor größeren Behandlungen stets den Rat
eines zweiten Arztes ein.

Krankheiten
sind kein Versagen deines Körpers,
sondern
ein Hilferuf deiner Seele.

Genieße jeden Tag, als wäre es dein letzter. Aber lebe nicht auch so!

●

Das Alter, das du haben möchtest, verdirbt das Alter das du hast!

●

Achte auf den Wechsel zwischen Phasen des Aktivseins
und Phasen der Ruhe.

●

Habe Pläne für das Alter.

●

Vermeide Autofahrten, wenn du gestreßt bist.

Beginne den Tag mit guten Gedanken.

●

Beginne den Tag mit zehn tiefen Atemzügen.

●

Beginne den Tag energisch und lustvoll.

●

Stehe regelmäßig zur gleichen Zeit auf.

●

Frühstücke ohne Hast.

Entwickle und pflege deine Phantasie,
denn Phantasie haben heißt nicht, sich etwas ausdenken,
sondern aus den Dingen etwas machen.

●

Lerne Entspannungsübungen,
die du am Arbeitsplatz durchführen kannst.

●

Vergiß bei den Bemühungen um dein Idealgewicht
nicht dein Wohlbefinden.

Mache einen Abendspaziergang.

•

Schlafe nicht mit Sorgen ein.

•

Du kannst den Schlaf nicht herbeizwingen. Steh auf und lies,
wenn du nicht einschlafen kannst.

•

Gehe in Vorträge. Selbst wenn dich das Thema nicht interessiert, so
schult das Zuhören doch deine Konzentrationsfähigkeit.

KONSUM/GELD

Zwei Dinge habe ich mir erfolgreich abgewöhnt: unfreundlichen Kellnern auch noch Trinkgeld zu geben und in großen Supermärkten einzukaufen. Das hat mich zwar noch längst nicht zum Millionär gemacht. Aber damit habe ich angefangen, mir über sinnvolles Geldausgeben Gedanken zu machen. Und darauf zu bestehen, daß ich als Kunde König bin.

Führe ein Haushaltsbuch, wenn du nie weißt, wo dein Geld bleibt.

●

Gehe mit deinem Lebensstandard nie an deine finanziellen Grenzen.
Bewahre dir Spielraum.

●

Erkläre deinen Kindern, daß das Geld nicht umsonst aus dem
Automaten kommt.

●

Spare regelmäßig einen bestimmten Betrag.

Keine Angst vor Reklamationen. Es geht um dein Geld.

•

Ziehe Pfuscher zur Rechenschaft.

•

Gib kein Trinkgeld, wenn die Bedienung schlecht war.

•

Überprüfe deine Kontoauszüge.

Rede nicht über Gehalt, Ersparnisse und teure Anschaffungen.

•

Leiste keine An- und Vorauszahlungen, außer,
es wird etwas speziell für dich angefertigt.

•

Kaufe Waren, die so gut sind, daß sich eine Reparatur lohnt.

•

Auch ein Dummkopf kann zu Geld kommen.
Aber nur ein Kluger wird es behalten.

Vergleiche nicht nur den Preis, sondern auch die gebotene Leistung.

•

Wenn du sparen mußt, spar zuallererst am Auto.

•

Wenn du reklamieren mußt, beginne mit dem Lobenswerten zuerst.

•

Wer sich einen Freund zum Feind machen will,
muß ihm Geld borgen.

•

Nutze Kreditkarten nicht für heimliche Kredite.

Lies das Kleingedruckte genau,
bevor du etwas unterschreibst –
gerade dann, wenn dein Gegenüber
schon ungeduldig mit den Fingern trommelt.

Achte bei Verträgen auf kurze Kündigungsfristen.

●

Sei vorsichtig bei allzu günstigen Gelegenheiten.

●

Nutze die Wochen vor und nach Schlußverkäufen.

●

Beurteile Firmen, Restaurants und Geschäfte danach,
wie sie mit Reklamationen umgehen.

●

Kaufe nichts, bloß weil es gerade im Angebot ist.

Kaufst du Unnötiges, so wirst du bald Nötiges verkaufen müssen.

●

Bedenke, daß Qualität ihren Preis haben muß.

●

Kaufe nicht öfter als einmal in einem Monat
in einem Großmarkt ein.

●

Laß dir einen schriftlichen Kostenvoranschlag geben.

Das Geld, das du besitzt, ist ein Mittel zur Freiheit.
Das Geld, dem du nachjagst, macht dich zum Knecht.

●

Sei altmodisch: Kaufe etwas erst dann, wenn du das Geld dafür hast.

●

Wenn du etwas haben willst, mußt du auf etwas anderes verzichten.

●

Kaufe dir kein neues Auto, nur weil dein Nachbar ein neues hat.

PRAKTISCHE TIPS

Grau ist alle Theorie, nörgelt der naseweise Volksmund.
Nun, mir wäre es lieber, nur theoretisch ohne Kleingeld am
Fahrkartenautomaten zu stehen und nur theoretisch den Geburtstag
der einzigen Erbtante vergessen zu haben. Aber das sind leider die
Überraschungen, die die farbenprächtige Praxis für uns bereithält.
Guter Rat ist bekanntlich teuer, doch in diesem Kapitel gibt es einige
praktische Tips ganz und gar kostenlos.

Bewahre wichtige Papiere, alte Fotos und alles, was unersetzlich ist, in einem Bankschließfach auf.

•

Verabrede mit Freunden einen Rückruf, falls du allein nach Hause gehst und dort niemand auf dich wartet.

•

Was du drei Jahre lang nicht getragen hast, gib in die Altkleidersammlung.

•

Aber demütige Bedürftige nicht, indem du die alleraltmodischsten Sachen weggibst.

Sammle nur Zeitschriften, für die es ein Jahresregister gibt.

●

Habe stets Notizzettel und Stift in deiner Tasche,
am Bett und in der Küche.

●

Habe immer Münzen bei dir für Fahrkartenautomaten,
Einkaufswagen und Parkuhren.

●

Laß deinen Autoschlüssel nie, auch nicht für einen Moment, stecken.

Lebenskünstler ist nicht,
wer nur Schwierigkeiten beiseite räumen kann,
sondern wer an ihnen auch noch
zu wachsen versteht.

Im Laden um die Ecke kaufst du billiger. Du sparst dir all die ungeplanten Süßigkeiten, Fertiggerichte und Kosmetika.

●

Halte auch zu Hause Rechnungen, Korrespondenz, Garantieunterlagen und sonstige Papiere in Ordnung.

●

Stelle die wichtigsten Dokumente über deine Geld- und Versicherungsangelegenheiten zusammen.

●

Habe im Zweifelsfall stets ein Kondom bei dir.

Habe immer Briefmarken bei dir. Die witzigsten Karten für liebe
Menschen findet man meist weit von einem Postamt.

•

Gib einem Menschen deines Vertrauens einen
Schlüssel zu deiner Wohnung.

•

Verlange Preisnachlaß für Waren mit kleinen Fehlern.

Kaufe Kleidung in bestimmten Geschäften, wo man nach
einiger Zeit auch weiß, was dir steht und paßt.

●

Vermeide Rechtsstreitigkeiten, auch wenn du eine
Rechtsschutzversicherung hast.

●

Überlege dir gut, ob du tatsächlich alle Versicherungen brauchst,
die dir der Vertreter empfiehlt.

Trage nur so viel Geld und nur die Papiere und Karten mit dir herum, wie du brauchen wirst.

●

Habe immer eine funktionierende Taschenlampe griffbereit.

●

Lerne, wie man eine Lampe anschließt und ein verstopftes Waschbecken repariert.

●

Lege Schlüssel, Adreßbücher, Feuerzeug und Brillen stets an einen bestimmten Platz.

Bewahre keine Süßigkeitenvorräte auf;
was im Haus ist, wird auch gegessen –
einfach, weil es da ist.

ARBEITSLEBEN

Was kann an der Arbeit schon gut sein, wenn die Reichen sie den Armen überlassen? Gute Frage… Da du aber zu denen gehörst, die ihren Lebensunterhalt durch Arbeit verdienen, solltest du dir über diese Frage nicht allzulange den Kopf zerbrechen. Denke lieber darüber nach, wie du deine Arbeit gut machen kannst. Erfolge sind nicht garantiert – aber durchaus möglich.

Für jedes komplizierte Problem gibt es eine einfache, klare Lösung: die falsche.

●

Glaube an dich. Die anderen werden folgen.

●

Es zählt nicht, was du tun könntest. Es zählt, was du tust.

●

Der richtige Zeitpunkt ist der halbe Erfolg.

●

Wer seine Schweißtropfen zählt, wird nie sein Geld zählen.

Die Kraft deines Arguments zählt, nicht die Kraft deiner Stimme.

●

Wer den Regen als sein Verdienst ausgibt, muß sich auch für die Dürre verantwortlich machen lassen.

●

Halte mit einer guten Idee nicht hinterm Berg. Ein anderer könnte denselben Gedanken haben.

●

Dem Ersten gebührt der Ruhm, auch wenn die Nachfolger es besser gemacht haben.

Unterschreibe erst den neuen Vertrag und dann die Kündigung.

•

Liefere keine Arbeit ab, die nur „gut genug" ist.

•

Erledige Aufgaben ganz oder gar nicht.

•

Verlasse dich nie darauf, daß dir schon irgend etwas einfallen wird -
habe ein Konzept.

•

Erledige das Wichtigste zuerst.

Das wirklich Geniale ist ganz einfach.

●

Gute Ideen lassen sich auch gut erklären.

●

Lieber besser machen als gut kritisieren.

●

Achte bei einem Stellenangebot nicht nur auf das Gehalt.
Berücksichtige auch den Zeitaufwand für den Weg zur Arbeit, die
Gestaltung des Arbeitsplatzes und Erholungs- und
Einkaufsmöglichkeiten für die Mittagspause.

Deiner Kleidung entsprechend empfängt man dich.
Deinem Verstand entsprechend verabschiedet man dich.

●

Durch Arbeit vermehrst du dein Wissen.

●

Wenn du fragst, bist du ein Narr für fünf Minuten. Fragst du nicht,
bleibst du ein Narr dein Leben lang.

●

Du wirst entbehrlich, wenn du nicht stets dazulernst.

●

Lernen ist Rudern gegen den Strom.
Sobald man aufhört, treibt man zurück.

Zum Erfolg gehören Vorbereitung und Durchführung.

•

Beharre nicht auf etwas, bloß weil es „schon immer" so war.

•

Mach nichts schlecht, bloß weil du es nicht verstehst.

•

Gehorchen ist leichter als Befehlen.

Wer andere treiben will, muß selber laufen.

•

Der Neid nagt nicht am faulen Holz, drum sei auf deine Neider stolz.

•

Mach dich nicht mit unwichtigen Arbeiten wichtig.

•

In der Ruhe liegt die Kraft.

•

Verstecke dich bei Vorträgen, Seminaren und Diskussionen niemals
in den hintersten Reihen.

Wenn du gegen Widerstand etwas durchsetzten willst, laß den anderen glauben, es sei seine Idee.

●

Präsentiere deine Ideen bildhaft und ansprechend.

●

Mache Vorschläge, statt zu befehlen.

●

Erfolg hat nur, wer die Fähigkeit entwickelt, sich zur rechten Zeit und im rechten Maße zu verheimlichen und zu offenbaren.

Alles selbst machen zu wollen, ist das Kennzeichen des Unbegabten.

•

Sag „ich werde" und nicht „ich werde versuchen".

•

Sag nie „ich kann nicht".

•

Frage nicht „warum?", frage „warum nicht?"

•

Leg beiseite, was nicht gelingen will.
Sonst hast du später Arbeit mit dem Ausbessern.

Tu das, was du tust, konzentriert und gut.

•

Die rechte Zeit ist wichtiger als das beste Werkzeug.

•

Vor dem Gewinnen steht das Beginnen.

•

Lobe auch kleine Erfolge.

•

Lehne Neuerungen nicht ab, ohne sie geprüft zu haben.

Rechne mit dem Scheitern, wenn du gewinnen willst.

•

Erfolglose Menschen kennen das Problem,
erfolgreiche aber auch die Lösung.

•

Auch die glänzendste Idee wird durch ihre
Verwirklichung noch aufpoliert.

•

Stelle andere nicht bloß.

•

Du kannst Menschen am besten beeinflussen,
wenn du eine gute Meinung von ihnen zeigst.

Überprüfe von Zeit zu Zeit das Verhältnis
deiner Anstrengungen zu deinen Erfolgen.

•

Einen Fehler nicht zu korrigieren heißt,
einen neuen Fehler zu begehen.

•

Fehler sind verzeihlicher als die Mittel, mit denen man sie vertuscht.

•

Auch du bist nicht unersetzlich.

•

Ein Sieger glaubt nicht an den Zufall.

Lerne, Wichtiges von Unwichtigem zu unterscheiden.

•

Teile den Weg zum Ziel in Etappen ein.
Zwischenerfolge ermuntern zum Weitermachen.

•

Nutze kleine Chancen.
Sie können der Beginn großer Unternehmungen sein.

•

Während die Weisen grübeln, erobern die Dummen die Festung.

Einem willigen Esel packt jeder etwas auf.

●

Lieber langsam zum Ziel als schnell umhergeirrt.

●

Ausnahmen bestätigen nicht immer die alte Regel;
oft kündigen sie eine neue an.

Versetze dich vor schwierigen Situationen
in eine siegessichere Stimmung:
Male dir dein selbstsicheres Auftreten aus,
deine kräftige Stimme, deine klaren Antworten,
deine Gefaßtheit –
und den Erfolg.

Probleme bewältigen

Schwierigkeiten überwinden... Aber was sind eigentlich Schwierigkeiten? Für den einen ist ein Loch im Zahn schon ein Unglück, andere meistern das Leben mit einem schwerkranken Partner. Der Unterschied zwischen beiden? Die Einstellung, daß Krisen zum Leben gehören und, daß wir das Glück nicht gepachtet haben.

Knüpfe dein Leben nie an eine einzige Hoffnung.
Mit ihr könntest du alles verlieren.

•

Schiebe Probleme nicht auf die lange Bank.

•

Werde dir deiner Wünsche, deiner Ängste
und deiner Möglichkeiten bewußt.

•

Denke an Freudiges, vergrabe dich nicht in deinem Kummer.

•

Ein Problem hast du nicht, es ist ein Teil von dir.

Sei mit dir selbst einverstanden und im reinen.

•

Hoffe nicht ohne Zweifel, zweifle nicht ohne Hoffnung.

•

Laß dich von Mißerfolgen und Kummer nicht unterkriegen;
sie gehören zum Leben.

•

Trage mit Würde, was unvermeidlich ist.

•

Reagiere Zorn nicht beim Autofahren ab.

Nur die Sache ist verloren, die du aufgibst.

●

Erkenne das Glück im Unglück und das Unglück im Glück.

●

Sei nicht zu stolz, um einen Freund um Trost oder Hilfe zu bitten.

Umweltschutz zu Hause

Wie schön, wenn du die Dinge durch eine rosarote Brille siehst. In Umweltfragen aber solltest du dir mal eine grüne Brille aufsetzen und dein Alltagsleben kritisch betrachten. Keine Sorge, ich will dir keine Solarzellen und keine Komposttonne aufschwatzen. Ich habe nur ein paar Tips gesammelt, wie du dein Leben auf den grünen Punkt bringen kannst.

Kaufe Produkte aus deiner Region. So vermeidest du Lkw-Verkehr.

•

Spüle nicht unter fließendem Wasser ab.

•

Verwende Produkte aus Recyclingpapier.

•

Benutze aufladbare Akkus statt Einwegbatterien.

•

Frage dich vor einer Anschaffung,
ob du die Sache auch wirklich brauchst.

•

Mahle deinen Kaffee selbst.

Bedenke, daß alles hergestellt, transportiert und entsorgt werden muß;

daß du es pflegen und vielleicht reparieren lassen mußt;

erst dann entscheide, ob du es wirklich brauchst.

Ziehe frische Kräuter.

●

Vermeide Plastik.

●

Benutze Einkaufstaschen und -körbe.

●

Kaufe keine Notizblöcke,
es gibt genug Schmierzettel in deinem Haushalt.

●

Benutze Kosmetika ohne Konservierungsstoffe.

Laß deinen Müll nicht auf Liegewiesen und in Wäldern zurück.

●

Drehe den Wasserhahn zu, wenn du deine Zähne bürstest
oder dich einseifst.

●

Kaufe dort ein, wo es Obst, Gemüse,
Käse und Fleisch offen zu kaufen gibt.

●

Kaufe nichts in Klarsicht-Verpackungen.

●

Erkundige dich, welche Geschäfte größere Einkäufe ins Haus liefern.

Benutze für lange Strecken die Bahn.

•

Passe deine Ernährung der Jahreszeit an;
kaufe keine Erdbeeren im Januar.

•

Vermeide soweit wie möglich Alu- und Frischhaltefolien.

•

Benutze öffentliche Verkehrsmittel für Fahrten in die Stadt.

•

Fahre nicht mit dem Auto, wenn du gehen kannst.

REDEN

Gehst du davon aus, daß du unter Umständen wirst annehmen müssen, daß im allgemeinen die Tendenz besteht, mit einem unverhältnismäßig hohen Aufwand an verbalen Äußerungen ... richtig: nichts zu sagen! Ich will nicht viele Worte übers Reden verlieren, nur eines: Weniger ist mehr.

Du mußt nicht immer sagen, was du weißt, aber du mußt immer wissen, was du sagst.

•

Es ist leichter zu reden, als etwas zu sagen.

•

Nur das Tun beweist das Können.

•

Nicht jede Frage verdient eine Antwort.

•

Eine kluge Frage ist die Hälfte der Weisheit.

•

Höre anderen gut zu – aber glaube nicht alles!

Ein gesprochenes Wort
ist wie ein Vogel –
du kannst es nicht wieder einfangen.

Dem blökenden Schaf fällt das Futter aus dem Maul.

●

Ein Kluger bemerkt alles.
Ein Dummer macht über alles eine Bemerkung.

●

Ein richtiges Wort und ein beinahe richtiges unterscheiden sich wie
der Blitz vom Glühwürmchen.

●

Bedenke, daß Worte Waffen sein können.

●

Wer viel redet, erfährt wenig.

ZEIT

Nichts auf der Welt ist so gerecht verteilt wie die Zeit, 24 Stunden pro Tag und Nase. Und doch gibt es Leute, die behaupten, sie hätten keine Zeit. Und andere, die so viel haben, daß sie jene sogar totschlagen müssen. Sehr merkwürdig... Hoffentlich hast du wenigstens Zeit, dir ein paar Gedanken über die Zeit zu machen.

Wenn du nie Zeit für etwas hast: Was um alles in der Welt tust du eigentlich die ganze Zeit?

•

Zeit ist der Stoff, aus dem dein Leben gemacht ist.

•

Alles im Leben hat seine Zeit, und alles im Leben braucht seine Zeit.

•

Tue nichts in Eile. Vor lauter Hektik wirst du die Tür zuwerfen und den Schlüssel innen stecken lassen.

Die Zeit ist wie ein Schmetterling: Du wirst sie nicht einfangen, wenn du ihr hinterherhetzt.

•

Gönne dir Bedenkzeit für wichtige Fragen.

•

Verplane nicht deine ganze Freizeit.

•

Sei nicht der Sklave deines Kalenders.

Hab immer Zeit für Höflichkeit und Rücksichtnahme.

●

Wer die Zeit nutzt, hat genug davon.

●

Renne nie – auch wenn du Pendler bist – zum Bus oder zur Bahn.
Lieber warten als hetzen.

●

Ein Augenblick der Ungeduld kann dein ganzes Leben ruinieren.

●

Ein zivilisierter Mensch hat Muße.

Die Zeit ist die unheimlichste Erscheinung
des Lebens:
sie ist undefinierbar, unerkennbar, nicht meßbar.
Eines Tages kommst du dahinter,
daß sie nicht einmal existent ist.

EINS ZWEI DREI

Auch ein einziges Haar wirft einen Schatten.

●

Ein gutes Wort kostet nicht mehr als ein böses.

●

Zur Kultur führen viele Schritte hinauf
und nur ein einziger hinunter.

●

Leichter glaubt man eine hundertmal gehörte Lüge
als eine nie gehörte Wahrheit.

●

Tausend Rezepte sind billig, ein Erfolg ist teuer.

Klugheit hat zwei Augen:
Das eine sieht voraus, was man zu tun hat,
und das andere prüft nachher, was man getan hat.

Hüte und bewahre drei Dinge:
die Hoffnung, den Schlaf und das Lachen.

•

Arbeit hält drei Übel fern: die Langeweile, das Laster und die Not.

•

Einer holt Wasser allein, zweie holen Wasser mit einer Tragestange,
dreie verdursten.

•

Jedes Problem hat zwei Seiten: die falsche und die unsrige.

Habe die Gelassenheit, Dinge hinzunehmen,
die du nicht ändern kannst.
Habe den Mut, Dinge zu verändern,
die du zu ändern vermagst.
Und habe die Weisheit,
das eine vom anderen zu unterscheiden.

Arbeit ist die Mutter des Vergnügens.

•

Bildung ist das, was übrigbleibt,
wenn wir vergessen, was wir gelernt haben.

•

Dankbarkeit ist das Gedächtnis des Herzens.

•

Eile ist die Mutter der Unvollkommenheit.

Faulheit ist die Angewohnheit, sich auszuruhen, bevor man müde wird.

•

Das Gedächtnis ist das Sparbuch des Geistes.

•

Humor ist der Knopf, der verhindert, daß uns der Kragen platzt.

•

Irrtümer sind die Wegweiser zur Wahrheit.

•

Jugend ist ein leicht brennbarer Stoff.

•

Krankheiten sind die Zinsen, die wir fürs Vergnügen zahlen.

Die Hoffnung ist der gute Glaube,
daß jedes Gesetz Ausnahmen hat,
daß die Ausnahmen Gesetze sind
und daß das Gesetz eine Ausnahme ist.

Stimmungen sind die Kontoauszüge der Seele.

•

Takt ist der Verstand des Herzens.

•

Ungeduld ist Warten in Eile.

•

Vorsicht ist das, was wir bei anderen Feigheit nennen.

•

Worte sind Zwerge, Beispiele sind Riesen.

•

Zeit ist die Feile, die kein Geräusch macht.